LA CORSE A VOL D'OISEAU.

Mlle LOUISE LIODET.

LA CORSE

à vol d'oiseau

NICE.

B. VISCONTI,
ÉDITEUR.

NICE, 1873. — IMPRIMERIE CAISSON ET MIGNON.

A Monsieur X,

à Nice.

LA CORSE
A VOL D'OISEAU

I.

..... « Eh bien! décidez-vous donc à m'accompagner en Corse; » disais-je l'été dernier à l'un de mes amis, qui était indécis où il irait passer ses vacances.

— Bon Dieu! Madame! Moi? Que j'aille par là-bas promener mes rêveries? Y songez-vous?

— Et pourquoi pas?

— Mais c'est un pays de sauvages!

— Cependant vous qui vous dites un admirateur passionné de la nature, vous trouveriez votre compte dans ce pays de *sauvages*. Vous y verriez des sites, des beautés à enchanter vos regards; des.....

— Oui, oui, c'est très-bien! Mais Mérimée, dans sa *Colomba*, ne parle-t-il pas aussi de mœurs farouches, sanguinaires? Vous y voyez des êtres velus comme les animaux! Des hommes qui n'ont

pas de forme humaine! Un langage impossible!
Je ne sais quel voyageur raconte que si vous
vous aventurez seul dans ces parages, vous devez
auparavant mettre ordre à vos affaires, car si
vous rencontrez un homme armé, et que vous
ne vous hâtiez pas aussitôt de rebrousser chemin,
c'en est fait de vous! Il vous arrivera malheur!
Remarquez que le Corse ne sort jamais sans sa
carabine: voilà déjà quelque chose de louche,
un soin de mauvais augure. Son regard mauvais,
rapide, incisif comme une lame d'acier, vous
provoque. Heureux encore si cet homme ne fond
pas sur vous, comme l'épervier sur sa proie!
Et puis, je vous le demande, peut-on se plaire,
peut-on se trouver à l'aise où les femmes assas-
sinent leurs maris, comme vient de le faire,
encore récemment, cette Lucia Medelli?

— Mais puisqu'on a dit que ce drame n'a
jamais existé que sous la plume du *Figaro?*

— N'importe! c'est un type qui repose, à ce
qu'il paraît, sur quelque chose de vrai. Et le
faux peut souvent être très-vraisemblable chez
le beau sexe de ces pays-là. Enfin, je goûte peu
les femmes à passions violentes, surtout celles
qui savent si bien manier le revolver.

— Moi, j'ai plus de courage que vous et j'irai
seule.

— Dites plus de curiosité, d'obstination. Eh
bien! allez puisque telle est votre fantaisie. Je
souhaite que votre voyage vous procure tous les
agréments possibles, et que vous ne nous reveniez pas d'une façon lamentable.

— Voilà un pronostic bien sombre! dis-je en riant.

— Eh! eh! Madame, l'enthousiasme a souvent troublé plus d'une cervelle et aveuglé plus d'un esprit lucide. Vous aimez la nouveauté, vous voulez cingler vers *l'inconnu.* N'est-ce pas pourtant ce qui a perdu notre première mère? »

. . . .

C'est un peu ce que vous me disiez, cher Monsieur, quand j'allai prendre congé de vous. Vous me faisiez même remarquer que votre Minet, auquel vous voulez absolument attribuer la faculté divinatoire, hochait la tête en marque de désapprobation. Je crus même voir qu'il fourrait sa tête dans votre oreille, sans doute pour vous dire: — « *Ne vois-tu pas que c'est une tête chaude!* » Comme il fixait ses yeux sur les miens avec une expression passablement ironique, je vous dis: « Je me moque de votre Chat et de sa seconde vue! »

— Alors revenez le plus tôt possible, me répondîtes-vous. Je fais le vœu que ce ne soit pas en *volatile malheureuse*. Mais si nous faisions un pari?

— J'accepte! répliquai-je résolument.

— Eh bien donc, que dans un mois nous soyons de nouveau réunis ici. Vous me lirez la relation de votre voyage.

— Voilà une idée charmante! Merci, car ce sera renouveler mes jouissances.

— Faites-la avec calme, surtout. Prenez des notes exactes.

— Mais vous me donnez trop peu de temps. N'importe! j'essayerai, et j'intitulerai ma relation : *La Corse à vol d'oiseau.*

— C'est cela! Et commencez déjà par abréger le préambule ; car :

« Qui ne sut se borner, ne sut jamais écrire. »

— Dans ce cas, vous pourriez bien ne rien avoir du tout; car aussi :

« Souvent la peur d'un mal nous conduit dans un pire. »

Cela vous fit rire, ainsi que Minet, qui se tordait la moustache.

— Les femmes! les voilà bien: toujours les extrêmes! Enfin, faites comme vous l'entendrez. L'essentiel, après tout, c'est que vous nous reveniez *saine et sauve.* »

II.

Un mois après cette conversation, me revoici chez vous. Vous aviez déjà été averti, par votre génie familier, que j'étais de retour.

Quand nous eûmes pris commodément nos places, vous dans une demi-obscurité qui me dissimulait votre visage et votre sourire railleur, ce dont je n'étais point fâchée; Minet, entre nous deux, dans l'attitude grave d'un juge qui

écoute et qui semblait se dire : — *Attention!
Elle va nous en imposer!* moi, mon cahier
en main, recevant en plein, sur mes lignes hâtées,
les rayons de la lampe, je commençai ainsi :

Je quittai donc Nice le 22 août, à 7 heures
du soir. Je ne vous dirai point que je n'eusse pas
quelque crainte en mettant le pied sur le navire.
Cet espace circonscrit d'un bateau, sur un élément souvent perfide, me donnait une inquiétude
que je ne pouvais dominer. Je comparais la sé-
curité de ma modeste demeure à cette prison
flottante, et je serais certainement revenue sur
mes pas, si la fausse honte ne m'eût retenue.

Pourtant la mer était belle avec ses flots azurés
qui venaient doucement caresser le rivage. Le
vaisseau allait avec lenteur, comme pour nous
laisser jouir plus longtemps de la beauté de ces
bords, qui ont valu à la cité le nom de *Nice la
belle.*

Après avoir passé le Lazaret, où je saluai de
loin avec mon mouchoir le Docteur L*** qui méditait sous ses beaux arbres, et se demandait
sans doute, à ces dernières heures du jour, s'il
ne lui restait pas encore quelque bien à faire...
avoir vu s'effacer, peu à peu, comme un rêve,
la Baie des Anges et tourné enfin le *Château
de l'Anglais,* nous entrâmes en pleine mer.

La soirée était sereine, quoique la lune fût invisible. Les étoiles semblaient fixées au ciel, comme des clous de diamant sur de l'azur pâli. Mais j'étais soucieuse! J'allais vraiment, ainsi que me le disait mon craintif ami, vers l'inconnu, dans un lieu qui, bien que pas très-distant du nôtre, offre cependant, par son sol, ses habitants, ses mœurs, un frappant cachet d'originalité. Mais j'étais lancée. La vague, la vapeur, la curiosité, tout m'entraînait.

Je ne pouvais non plus me délivrer de ce vers:

« L'honneur est comme une île escarpée et sans bords;
« On n'y peut plus rentrer quand on en est dehors. »

dont la fin, contournée, me revenait sans cesse ainsi, avec une persistance fatigante:

On n'en peut plus sortir quand on y est entré.

Pour faire diversion à mes noires pensées, j'examinai les quelques passagers qui étaient restés sur le pont. Je remarquai entr'autres une famille étendue à terre, à la manière des Bédouins. Leur vêtement, de couleur claire, leur donnait, au milieu des ombres de la nuit, l'apparence de vrais fantômes. Le capitaine, cloué à sa place, semblait converser avec une étoile, tandis que les matelots, dans leur bruyante manœuvre, poussaient, en cadence, le cri monotone des nautoniers.

Le roulis commençait déjà à se faire vivement sentir. Parmi les messieurs qui étaient montés eu même temps que moi, il en était un d'une très-haute taille, qui venant m'offrir, en vacillant, la moitié d'un citron, m'expliqua les causes et les effets du mal de mer. Je commençai déjà à éprouver des vertiges: tout me paraissait danser et tournoyer, jusqu'au grand monsieur qui faisait pourtant son possible pour me distraire. Mais sa bonne volonté échoua par les hoquets venant sans cesse entrecouper ses phrases et bientôt ses mots, qui sortaient étranglés de sa large poitrine. Décidément le cœur humain est léger, égoïste, car cela m'aurait presque divertie, si je n'avais senti moi-même que j'allais bientôt, avec lui, exécuter un triste duo. A ce moment s'approche de nous un jeune Corse, souple et agile comme un écureuil, et qui lui dit avec la malice d'un page : — « Avouez, Monsieur, que les vents me sont moins qu'à vous redoutables. »

A ces mots, le fier Hollandais redresse sa belle tête, comme pour défier Eole et tout son empire. Mais le vent, s'engouffrant avec violence dans les longs plis de son paletot, le fit ployer de mon côté, comme un mât. Craignant, avec raison, les conséquences d'une chute pareille, je m'élançai vers l'étroit escalier, et je roulai jusque dans ma cabine, où je demeurai blottie tout le reste de la nuit à savourer les charmes des voyages maritimes.

III.

Aux premières lueurs de l'aurore, je montai sur le pont, pour voir apparaître les montagnes bleues de la Corse, qu'on apercevait se dessiner vaguement à travers les brumes lointaines. Ces montagnes me parurent si élevées, qu'on les eût prises d'abord pour un prolongement des nuages qui ceignaient l'horizon en teintes dorées. Aussi, la triste disposition dans laquelle j'avais passé la nuit, les sombres pressentiments disparurent-ils, en un clin d'œil, devant ce sublime spectacle.

« Terre! fus-je tentée de m'écrier, terre des Cyrnos, fière, antique et toujours jeune! Terre de la fidélité, je te salue! »

Avec le jour tout avait revêtu un autre aspect sur le navire. D'abord le capitaine qui ne s'entretenait plus seul avec son étoile, était un homme aimable et communicatif; il parlait de sa femme et de sa belle-mère, qui habitaient près de Bastia, avec une sensibilité touchante. — Depuis plus de quarante ans, disait-il, qu'il naviguait sur toutes les mers, jamais encore il ne lui était arrivé de malheurs, grâce à la protection de N.-D. de la Vasine, dont le sanctuaire se voit à une demi-heure de la ville, sur les bords du rivage. Son second, à figure joviale, franche et ouverte, s'obstinait à nous faire répéter nos noms et nos *âges*, prétendant qu'ils ne les avait pas exactement inscrits la veille. Quand je le revis, un mois après, bien qu'il m'eût parfaitement reconnue, puisqu'il vint me serrer la main, il voulut recommencer avec moi la même formalité. « Ah! mon cher Monsieur, lui dis-je un peu impatientée, inscrivez seulement: — Un mois de plus! » Il rit, et se contenta de cela.

Mais ce n'était pas tout: la haute taille du Hollandais dont les vents de la nuit semblaient encore exagérer les proportions, se déployait maintenant dans les formes régulières d'un torse élégant; et même il parvint, sans être interrompu, à achever sa thèse du mal de mer. Une jeune dame que j'avais remarquée à notre arrivée à bord, et qui tout le temps s'était tenue à l'écart, vint à ce moment s'asseoir auprès de moi, et le court entretien que nous eûmes ensemble suffit pour nous faire échanger nos cartes. C'était la femme du Consul de France résidant en Sardaigne.

Nous reverrons-nous? Je le désire, car j'aurai longtemps dans mon souvenir cette gracieuse apparition, ce regard profond et sensible s'échappant de ces yeux brun foncé.

Il est une chose à remarquer: on habite souvent des années sous le même toit; on se rencontre journellement dans le même salon, sans que rien cependant nous porte à nous lier. Sur le navire, c'est tout autre chose : on s'observe, on cherche à se rapprocher, à se connaître. Serait-ce l'effet des exhalaisons salines qui réunit ainsi les affinités des cœurs ? Et les poissons, ce peuple si froid en apparence, seraient-ils vraiment plus sociables que nous, pauvres habitants des terres ! On dit qu'ils sont voraces — remarquez que ce sont des *on dit*, — qu'ils se mangent les uns les autres. — Mais a-t-on vécu au milieu d'eux pour être sûr du fait ? Et après tout, chaque être ne cherche-t-il pas à se nourrir à sa manière ? Nous, qui ne vivons pas dans cet élément qui excite si fort les voies digestives, avons-nous le droit de nous dire plus sobres qu'eux ? Et, soyons francs, ne convoitons-nous pas souvent le morceau d'autrui ? Enfin, sous le plus beau des ciels, sous le meilleur des régimes, — *la loi d'amour* en un mot, — n'entend-on pas journellement redire le vieil adage :

« Ote-toi de là que je m'y mette ? »

Je vous laisse cet intéressant problème à résoudre ; et si vous en obtenez la solution, je vous proclame aussitôt... le roi des chercheurs d'idées.

Enfin nous entrons dans le golfe. Bientôt on devra se séparer. N'est-ce pas la vie ?... Arrive le chef de la famille bédouine, transformé en un très-aimable européen, qui revenait en Corse, sa patrie. C'était le plus tendre des pères, qui toute la nuit avait donné des soins à ses enfants. Avec l'aimable cordialité qui caractérise ses compatriotes, il fit passer au milieu de nous, sur un plateau, une liqueur exquise du crû fertile de son pays. Quand chacun eut pris son verre, il éleva le sien en s'écriant avec enthousiasme : — « A la santé de l'Empereur!... »

A ce nom aimé et béni, un chaleureux hourra retentit dans tout le vaisseau, et monta dans les nues.

Je vois d'ici votre regard qui m'interroge.... Vous tenez donc bien à savoir si dans cet élan de l'âme, ce cri de la fidélité, ma faible voix s'est mêlée?... Eh bien, non! Monsieur le sceptique, vous ne saurez rien! Les poissons seuls de ces bords paisibles l'ont su, et je suis sûre quils m'en garderont le secret!...

IV.

Le vaisseau ralentit sa marche. Bientôt on voit la ville d'Ajaccio qui se déploie avec élégance et coquetterie sur de beaux et ombreux rivages. Nous voici dans le port. Une foule de bateaux arrivent autour du navire, et avec une agilité remarquable, passagers et bagages sont transportés sur le vaste quai où se dresse la statue monumentale de Napoléon Ier.

Vous êtes saisi de respect à la vue de ce grand homme, qui vous accueille dans sa ville natale avec le même calme serein, la même majesté, que lorsque, dans ses états tributaires, il recevait leurs anciens rois venant encore lui rendre hommage!

Les côteaux qui surmontent la ville, couverts d'une verdure luxuriante et variée, vous invitent à y diriger votre promenade. Tout est solitude sous ces ombrages. Les yeux ne sont pas fatigués par ces mille villas qui ne sont presque toujours que la continuation des quartiers populeux, dont vous ressentez encore les agitations. Là, au contraire, règnent à perpétuité le silence et le recueillement; car sur ces pentes boisées ne se trouvent que des monuments tumulaires et des tombeaux de famille. Une fois sur ces hauteurs, loin du tumulte du monde et à l'abri des ardeurs du jour, vous ne vous pressez pas d'en descendre. L'âme se sent heureuse et sereine par les pensées salutaires qu'inspire le voisinage de ces dépouilles chéries!... Il semble qu'une voix intime et profonde vous parle d'en haut, vous console et vous instruit de l'instabilité des choses de la terre et du néant de ses grandeurs.

De là, votre vue embrasse, dans toute son étendue, le golfe, ses contours et ses enfoncements, que les ondes bleues de la mer emplissent de leur écume argentée.

Très en avant du golfe, vous apercevez de petits points noirs, presque imperceptibles, que la distance vous fait paraître comme ces oiseaux qui aiment la surface des mers. Mais ce point est immobile. Cela vous intrigue, car vous savez qu'à cette place il n'y a pas d'îlots. Bientôt cet objet devient plus visible. Il se rapproche, et vous distinguez un frêle esquif sur lequel le pêcheur a fait ce jour-là une abondante prise. Il revient content avec son jeune fils, car ils rapportent à la cabane le pain du lendemain. Souvent, avec une tenace patience, il passera une partie de la nuit à l'attendre. Si le mistral souffle, que la tempête se déchaîne, le pêcheur ne perd rien de son sang-froid ni de sa confiance en Celui qui tient en main les éléments, et il est rare qu'on entende raconter un sinistre arrivé pendant ces journées néfastes. Ne semble-t-il pas que le ciel se plaît à protéger, dans ses périls, celui à qui il a été donné si peu ?...

Le Corse, disons-nous, est intrépide. Ce n'est pas comme ailleurs, où le courage souvent ne se manifeste que par de pompeux discours de banquets ou de longs articles de journaux. Il faut cependant convenir que ce sang-froid dont il est doué pourrait bien, dans une mauvaise direction, produire les effets les plus terribles. Le Corse est violent par nature : on le voit aux éclairs jaillissant de son œil noir, et à sa riposte brève et rapide. Mais le point d'honneur est là qui le garde. S'il est patient parfois, il ne supporte pas l'insulte. Il sacrifiera tout à l'honneur, même son propre enfant ! On l'a vu par Matteo Falcome.

C'est sauvage, me direz-vous, mais c'est là aussi l'exaltation d'un sentiment qui est en lui jusque dans ses fibres les plus secrètes, qu'il a reçu de son père, qu'il transmettra à ses fils, et ceux-ci aux leurs.

De plus, il a au suprême degré le culte de la reconnaissance — cette vertu des grands cœurs, — et l'antique hospitalité habite sous son toit, comme une de ces saintes traditions de famille que le vent desséchant de notre siècle n'a pu encore faire disparaître au milieu d'eux. En résumé, le Corse peut avoir de très-grands défauts; je doute qu'il ait des vices. Il peut être un bandit, devenir un meurtrier; il ne sera jamais ni un coquin, ni un lâche.

V.

Du quai d'Ajaccio, en longeant la rue du Diamant, part une superbe avenue, bordée de villas et de châlets élégants. En suivant cette promenade, qui s'étend jusqu'au pied de la montagne, vous vous trouvez vers d'énormes blocs de pierres superposés qui forment une assez profonde excavation, et qu'on appelle la *Grotte de Napoléon*. On voit là un nombre infini d'inscriptions de toutes nationalités et de toutes dates, les unes même assez récentes, et dont la plus grande partie indique des noms britanniques et d'autres noms septentrionaux.

Vous m'allez demander si je n'ai pas inscrit le mien? Un nom indifférent de plus ou de moins peut-il rien ajouter à l'hommage universel et à la renommée de celui qui fut Napoléon? J'ai cueilli seulement quelques branches d'une espèce de myrte sauvage, et je suis restée longtemps assise sur la pierre carrée qui est au milieu de l'enceinte. C'est là que l'enfant-génie s'était assis peut-être; c'est là qu'il s'essayait sans doute déjà dans les gigantesques conceptions qui devaient plus tard étonner le monde! Un siècle s'est presque écoulé, depuis que cette pierre, — devenue monument, — fut roulée par des mains de dix ans jusqu'à la place où elle est restée intacte. Rien n'en a altéré ni la forme, ni la solidité. On dirait qu'elle a pris racine jusque dans les entrailles les plus vives de ce sol vierge.

Je restai là longtemps, plongée dans les réflexions que m'inspiraient ces lieux. Je me sentais le cœur serré en songeant combien souvent, hélas! sur son rocher stérile, la grande victime avait dû reporter sa pensée décolorée vers ses arbustes fleuris, vers le riant berceau de son jeune âge! Je me demandais s'il n'eut pas été plus heureux pour lui et pour le monde qu'il eût vécu des impressions de l'enfance ordinaire, et que la destinée l'eût renfermé dans son île, où il aurait fixé ses ambitions; où, jeune homme, il aurait attaché son cœur, et où il aurait pu, du moins, mourir près des siens!..

Mais notre siècle n'eût pas eu son héros, ni l'histoire son brillant burin. — Aux grandes âmes les grandes infortunes! — Il fallait l'expiation de Sainte-Hélène, qui a donné un si puissant, un si irrésistible intérêt à son nom, en même temps qu'elle a revêtu sa mémoire de couleurs indestructibles. Il est mort, mais comme l'athlète antique qui tombe fièrement à terre. Sa chute a été grandiose et a laissé, après lui, ainsi qu'à dit le poète : (1) — « *Un foudroyant sillon!* »

J'ai été aussi visiter la maison où le grand homme est né. Cette maison se trouve dans une petite rue appelée *Ramolino,* du nom de la famille de sa mère, où habite actuellement une descendante, par alliance, de la lignée du prince de Canino (Lucien Bonaparte).

Il est rare de trouver réunis, à un si haut degré que chez la princesse Marianne, les dons de l'esprit le plus aimable et le plus orné, la simplicité la plus noble, avec le ton et les habitudes de la femme du plus haut rang. On est vraiment ému, dans cette ancienne demeure, d'y trouver encore cette dernière représentante des vertus qui y siégeaient autrefois, car c'est :

« Comme un dernier rayon, comme un dernier sourire! (1) »

Grâce à l'obligeance du concierge, je pus vi-

---

(1) **Victor Hugo.**
(1) **A. Chénier.**

siter l'édifice tout à mon aise. Chaque objet, chaque détail y avait pour moi un intérêt que je ne puis vous rendre. Ce qui me frappa tout d'abord, par la raison que j'étais loin de m'y attendre, ce fut l'empreinte d'ancienne splendeur qu'on remarque partout. On voit que le luxe, le plus parfait confort ont dû régner dans ces murs. De vastes salles qui avaient sans doute servi dans le temps de salles de réception, de bal et de festins ; d'immenses glaces couvrant presque toutes les cloisons, où se réfléchissaient les lustres étincelants, et les candélabres aux mille lumières ; un ameublement qui dut être riche et somptueux, recouvert d'une épaisse étoffe de soie, dont les visiteurs emportent chaque fois un lambeau, témoignent du rang que la famille Bonaparte occupait, et de sa prépondérance dans l'île et ailleurs.

Dans la salle à manger de famille, on me fit remarquer une espèce de trappe, par où le jeune officier d'artillerie s'était échappé pour se soustraire aux satellites de Paoli et d'autres ennemis de la France.

De là, je passai à la chambre de Madame-Mère, où je vis un lit qui me parut un *monde*, et que je comparai au lit de Louis XIV, à la différence que celui du grand roi était encore un trône, tandis que le premier, où avait veillé plus d'une fois l'ange des mères, n'avait servi dans sa forme toute bourgeoise, qu'à abriter les cruelles insomnies et les sollicitudes de ce tendre et héroïque cœur!

J'entrai dans la chambre que Napoléon occupait pendant les courts congés qu'il venait passer en famille. Je n'y vis qu'un lit, quelques chaises fort simples, une ou deux armes appendues à la cloison, et un bureau contenant un nombre infini de tablettes, de tiroirs à secret, etc. Ce meuble est d'un bois de prix, et fait dans un style riche.

Je ne puis rien vous dire du *tapis* historique sur lequel le futur conquérant vit le jour, par la raison qu'il a été volé par un visiteur fanatique. Pour m'en consoler, j'allai dans la vaste cuisine, qui n'est certes pas la partie de la maison la moins intéressante à visiter.

VI.

« Il me semble que vous allez à pas de tortue dans votre narration, et que ce n'est point là le *Vol d'oiseau* que vous voulez nous faire. »

Vous me dites ceci avec une mauvaise humeur qui me ravit. Évidemment, vous prenez déjà grand intérêt à ma lecture, malgré les distractions que cherche à vous donner Minet, qui a quitté sa pose magistrale pour sauter sur vos genoux. Il a beau me regarder d'un air dédaigneux, frotter sa tête contre votre joue, vous souffler quelque cancan sur moi, méditer quelque perfidie, (Ne peut-on pas s'attendre à tout d'un jaloux?) je n'y prends garde! Votre attention m'est acquise, et je profite à mon aise de cette heureuse fortune.

Nous voici donc toujours à Ajaccio. Que vous dire de cette jolie ville? — Qu'elle possède, en petit, les ressources et les agréments des villes les plus civilisées du continent. Églises en grand nombre, parmi lesquelles il faut citer l'église de Saint-Roch, celle de la Marine et la Chapelle Impériale du cardinal Fesch. Un beau musée dû au goût artistique de Son Eminence, qui a doté sa ville natale, et autres localités du pays, de nombreux chefs-d'œuvre des grands maîtres.

Il y a à Ajaccio, comme à Bastia, de remarquables établissements d'éducation, que pourraient envier les cités les plus favorisées sous ce rapport, et où la jeunesse va puiser toutes les connaissances, et surtout, ce qui rend les nations fortes et vaillantes, la religion du devoir et un ardent amour de la patrie.

En général, en Corse, les femmes sortent peu, et l'on voit rarement une jeune fille aller seule dans les rues. Elles restent chez elles, au milieu de leur famille, à s'occuper des travaux de leur sexe, du ménage et de leurs enfants, pour lesquels elles ont un dévouement absolu,

A première vue, on ne remarque pas, dans leurs physionomies, de ces traits qui frappent par une beauté ou un caractère qui leur soit propre, si ce n'est pourtant dans leur regard, où l'expression, ordinairement calme et réfléchie, dénote une vigueur d'âme peu commune. Jusque dans le costume de la classe bourgeoise, on voit qu'elles ont pris la vie au sérieux. Point de ces colifichets qui remplissent trop souvent les loisirs d'une femme frivole. Elles portent ordinairement un costume en laine, noir, assez long et ample. Elles ont la tête couverte rigoureusement de deux mouchoirs de même couleur, l'un, qui ceint le front, en cachant leurs cheveux, l'autre, qui recouvre la tête et revient se nouer sous le menton. Cette coiffure, qui rappelle le genre oriental et slave, est austère, et il faut avouer que leurs attraits en souffrent quelque peu.

Pour les élégantes, elles savent porter le luxe de leurs toilettes avec une grâce, une distinction surtout qu'on ne voit pas souvent dans les villes de province. Il se rencontre bien, si vous voulez, quelques *fleurs-des-pois*, dandys dont le type est partout. Pour ceux-là, ils n'ont pas attiré mon attention.

De ma fenêtre de *l'hôtel de France*, situé sur la place, et l'un des mieux tenus que je connaisse, on pourrait, le soir, se croire au boulevard des Italiens, par les nombreux cafés qui s'illuminent et l'affluence des promeneurs qui circulent le long du cours Napoléon. Ce mouvement se prolonge jusqu'à dix heures, et au dernier signal de la patrouille, plus personne dans les rues, chacun est rentré chez soi. Le silence et le repos s'étendent sur la ville entière.

On sait que les anciens Corses descendaient des Grecs et des Etrusques. Mais un fait remarquable à constater, c'est que chez les femmes, l'élément romain est bien plus prononcé que chez les hommes, ceux, disons-nous, dont l'éducation a adouci les aspérités de nature, et qui, par un certain côté délicat de l'intelligence, et une touche plus fine, se rapprochent davantage de l'Attique. Ainsi, parmi les femmes, le type de Cornélie, qui refusa, dit-on, un trône égyptien pour rester dame romaine, n'est pas rare à rencontrer en Corse.

Je dois encore signaler une chose qui m'a frappée, dans ce petit pays circonscrit par la mer, et isolé des communications promptes et faciles dont jouissent les contrées continentales : c'est la pureté de l'accent français. Pourtant le dialecte corse est parlé jusque dans la plus haute classe. Si vous interrogez le plus jeune enfant des hameaux les plus écartés de l'île, il vous répondra avec une facilité, une gentillesse qui vous charme ; et l'on se pourrait croire dans un des centres les plus fréquentés de la France.

VII.

Voici quelques traits particuliers qui vous feront mieux apprécier ces indigènes que les récits fantaisistes des voyageurs, ou la plume prévenue de certains écrivains.

Si l'esprit du Corse est souvent inculte, il est sagace et d'une remarquable pénétration. Rien n'égale sa persévérance pour atteindre à son but. Je voyais journellement à Ajaccio un ancien marin, qui, cédant au désir de sa mère, avait quitté la mer pour apprendre un métier. C'était difficile à l'âge de trente ans, surtout avec les habitudes d'un soldat. Il entra donc chez un maître à Marseille, et le voilà placé au même niveau que les autres apprentis de dix ans. En moins d'une année, l'ancien soldat devient maître à son tour, et l'un des plus en vogue et des plus estimés de la ville. La vieille mère, devenue infirme, n'avait pas voulu quitter son village. Le bon fils, quand il ne pouvait l'aller voir, s'imposait des privations, doublait son labeur, afin de pouvoir envoyer à sa mère quelque chose de plus, et même de petites fantaisies. Sa femme en faisait autant, seulement à l'insu de son mari.

Ces traits de famille ne sont-ils pas touchants?

Un voyageur étranger, qui avait passé quelque temps à l'hôtel où j'étais, s'étant trouvé à court d'argent, n'avait pu payer toute sa dépense. Il voulut laisser en gage un objet de prix. Mais le patron ne l'accepta point, et lui dit que bien qu'il ne fût pas riche lui-même, il lui avancerait ce qui lui était nécessaire pour achever son voyage.

Avouons que cela est d'une délicatesse qu'on ne rencontre pas souvent ailleurs.

Voici deux traits d'une simplicité, d'une naïveté charmante.

Dans le même hôtel, Damien, le garçon de chambre qui me servait, aimait à me faire la confidente de son cœur candide et tendre. Il était laid, d'une petite taille trappue, mais d'une physionomie intelligente et honnête. Il me racontait qu'il était un *enfant trouvé*, recueilli par charité, et élevé par les bonnes sœurs; qu'il avait été plusieurs années berger, et même, disait-il avec un certain orgueil: — « J'avais un beau troupeau de chèvres sous mon commandement! » Que c'était la sœur Thérèse qui lui avait appris tout ce qu'il savait: — Lire et écrire. « Mais, — me disait-il avec une ingénuité qui me faisait sourire, — je voudrais bien pourtant me *marier!* car je ne me sens pas fait pour tromper les filles. C'est trop malhonnête! » Pauvre garçon!

Voici ce qui marque bien la pureté des mœurs.
Dans une petite ville de la montagne, on par-

lait d'une veuve qui venait d'épouser un fort bel homme, mais d'une quarantaine d'années de moins qu'elle. Je fis la remarque que cette dame avait bien risqué en prenant un mari dont l'âge offrait, avec le sien, une si grande différence, et qu'elle pourrait bien avoir lieu de s'en repentir un jour. — « Et pourquoi donc? me fut-il répondu.» On ne comprenait pas : je dus m'expliquer de mon mieux. Quand j'eus enfin lâché le mot *d'infidélité,* ce qui pouvait être dans les choses possibles, on s'écria : « Oh! comment? cela ne se serait encore jamais vu ici! »

La fidélité est enracinée si avant dans le cœur du vrai Corse, qu'elle se traduit quelquefois par les expressions les plus passionnées et de la plus haute éloquence. On en jugera.

Un garçon de salle avait passé quelques mois à l'armée, où il avait vu de près les Prussiens. Il était de petite taille, vif, dégagé, remuant, bref, un vrai *sabreur*. (Remarquez qu'ils sont tous très-belliqueux, les petits hommes). Or donc, c'était sa marotte de ne m'entretenir que de ce qu'il avait vu, dans ses marches guerrières, de ce qu'on avait fait, et de ce qu'on n'aurait pas dû faire. — Assurément, si l'on eût dressé tel plan, accompli telle manœuvre, selon ses combinaisons, la France serait encore debout, et Napoléon III sur son trône. — « Vous seriez donc bien content, mon bon Louis, si l'Empereur revenait? lui dis-je un jour » — « Oh! s'il revenait!..

Je flanquerais à mon chapeau la croix de mon grand-père, et je courrais dire à l'Empereur :
— « Sire, je vous aime !!! »

Le patron d'un hôtel, à Bastia, me disait aussi :
— « Je ne suis pas riche, j'ai une nombreuse famille, la guerre m'a fait beaucoup de mal ; mais pour avoir encore l'Empereur, je vendrais jusqu'à ma dernière casserole ! »

Enfin, je termine mes citations par ce dernier trait.

M. S....., négociant à Ajaccio, dont le grand-père avait joué bien souvent autrefois avec Napoléon Ier, quand ils étaient enfants tous deux, partit exprès de la Corse pour aller à Chiselhurst, rendre une visite à Napoléon III, qui le reçut avec bienveillance et satisfaction. Il demanda et obtint le bonheur de présenter ses hommages à l'Impératrice et au Prince Impérial. — Quand l'Empereur, m'a-t-il raconté, m'eut dit, en me serrant la main : « Au revoir ! mon cher S.., au revoir ! En des temps meilleurs ! » je me serais jeté par la fenêtre !... J'étais fou !!! (1)

Ce noble enthousiasme de la fidélité lui a inspiré quelquefois de bien beaux accents. Voici un fragment d'un chant patriotique, à l'occasion des élections du mois de juin dernier :

---

(1) Quelqu'un m'a affirmé qu'il avait fait *encadrer* ce gant qui avait été pressé par la main impériale.

Corses, à l'Urne!

« Gloire, honneur, dans cette famille,
« Sont l'héritage des neveux.
« Mais l'éclat pur dont elle brille,
« Nous le partageons avec eux.
« N'ont-ils pas illustré la Corse,
« Et doté l'île d'un renom?
« Leur foi, leur vaillance et leur force
« Dorent notre ciel d'un rayon!

« A leur appel patriotique,
« Celui qui ne répond soudain,
« Avec nos faits d'histoire antique,
« Devra divorcer dès demain!
« Mais non, elle est hériditaire
« Chez nous, la mémoire du cœur,
« Et, transmise au fils par le père,
« On la conserve avec honneur! »

VIII.

« Décidément, Madame, avez-vous entrepris de me mystifier?

— Qui? moi!... M'en préserve le ciel!... Que voulez-vous dire?

— Oui! vous! Je veux dire que vous ne paraissez nullement disposée à tenir les conditions de notre pari.

— Voilà une calomnie! C'est sans doute un nouveau tour de votre Minet, avec sa mine hypocrite, ses yeux glauques, qui en dessous me lancent des éclairs!

— De grâce! ne mettez pas toujours cet innocent animal de la partie! Je dis et je répète que vous m'aviez promis une relation sérieuse, conçue avec ordre, et non une plaisanterie, où je ne vois jusqu'ici que de la confusion.

— Mais, mon Dieu! l'ordre! l'ordre!... Ne m'avez-vous pas dit: — « Faites comme vous l'entendrez? »

— Y compris l'ordre. Tant pis! si le mot vous offusque.

— Vous êtes désolant, savez-vous? Vous êtes un géomètre! Le compas et la mesure que vous apportez en toute chose ne me vont pas! Cela embrouille mes idées. Chacun a sa manière en ce monde, et moi, j'écris à la mienne. Tant pis! aussi, si le mot vous *offusque!*

— Hé bien! voulez-vous que je vous dise? Votre mode ne vaut rien, car il pèche par la base. Vous manquez d'ordre....

— Encore?

— De proportion. Vous n'avez pas de plan...

— Eh, si! j'avais un plan: celui de vous raconter à ma guise tout ce que j'aurais vu, tout ce que j'aurais remarqué. Et vous savez bien que:

« Souvent un beau désordre est un effet de l'art. »

— Ah!... Vraiment?... Je dois confesser ici ma profonde ignorance; car je ne savais point qu'une simple relation, écrite en simple prose, pût être en même temps une — ode! — Que les temps ont changé depuis que je faisais ma rhétorique! Alors il était reçu que les mots devaient représenter nos idées; qu'un bœuf, par exemple, ne pouvait être un mouton, et...

— Monsieur!... Vous me poussez à bout par vos sarcasmes. Nous allons nous brouiller!.. Et c'est vous qui l'aurez voulu!

— Allons! allons! chère Madame, ne nous fâchons pas! Parlons avec calme, comme il convient entre gens raisonnables. Mais permettez-moi de vous dire que vous êtes entrée dans un cercle vicieux d'où je veux tâcher de vous sortir. Dans tout ce que vous me dites là, depuis deux heures, voit-on seulement poindre le sujet, — la Corse que vous vouliez décrire? — Vous me parlez longuement des us et coutumes, des traits particuliers des indigènes; que sais-je encore!... de la teinte plus ou moins foncée de leurs cheveux. Et pas un mot du pays, de son aspect, ce qui intéresse pourtant celui qui les ignore. Vous annoncez un — vol d'oiseau — et vous restez là, perchée sur les toits d'Ajaccio, à bavarder comme une pie. Je voudrais pourtant vous voir déployer vos ailes avec cette grâce, cette aisance que vous apportez....

— Oui!... oui!... Faites l'aimable à présent! Mais il y a longtemps que je les sens frémir, mes ailes, et que je vois, (car je vous observe mon cher Monsieur, tout en *bavardant* comme une pie), je vois donc que vous frémissez aussi d'impatience... de vous élancer avec moi, dans l'azur du beau ciel de la Corse.

— Oh! pour cette fois-ci, c'est plus que de

la vanité, plus que de la présomption ; c'est, passez-moi le terme, de l'outrecuidance !

— Eh, mais !... Si c'était en ballon ? Qu'en dites-vous ?

— Je ne vous dis pas !... Peut-être consentirais-je, en ce cas, à faire une tournée de ces côtés. Autrement, je suis trop bien ici et j'y reste....

— Alors, Monsieur, si ce devait être seulement en ballon que je dusse avoir l'honneur de votre compagnie, j'ai le regret de vous dire que je ne voudrais pas de vous, et que je vous refuse net !

— La raison, je vous prie ? Auriez-vous l'intention de me faire entendre que ma compagnie y serait celle d'un homme mal élevé ?

— Non ! assurément non ! Mais comme la raréfaction de l'air peut quelquefois, m'a-t-on dit, causer la folie, il pourrait bien vous prendre tout à coup la fantaisie de vous débarasser de votre compagne en la jetant dans le vide... Merci !

Un matin donc, en me réveillant, au cri d'une marchande de poisson qui m'assourdissait, je me dis : — Si j'allais faire une promenade autour de l'île ? Aussitôt pensé, aussitôt exécuté, et je me hisse dans le coupé de la diligence.

Quand nous eûmes quitté les faubourgs, et que nous fûmes arrivés en pleine campagne, me voilà à tourner la tête à droite, à gauche, à me pencher en avant et en arrière. Je n'avais pas assez d'yeux pour admirer!

Comme la Corse est particulièrement accidentée, les longues montées seraient fort monotones, si l'on n'était incessamment distrait et occupé par la vue qu'offre ce beau pays. Une fois sur les hauteurs, ce sont des tableaux ravissants ou terribles qui se succèdent presque sans interruption, comme dans une fantasmagorie. Là, des rochers énormes, à gueule béante, que la terre semble avoir rejetés de ses entrailles avec une énergie désespérée; ici, les plus gracieux, les plus séduisants paysages. Ce contraste vous saisit, vous impressionne si fort, qu'on se croirait transporté dans un monde qu'auraient créé des géants et des fées. Ces rochers sont si rapprochés de vous qu'on en est effrayé, car il semble que la moindre vibration dans l'air doive détacher ces blocs suspendus au-dessus de vos têtes, tantôt chargés de frimas, tantôt couverts de nuages, ou resplendissants de mille feux au soleil de cette terre chaude et vivace!

Cependant la voiture va toujours son train. Elle suit les défilés, pénètre dans les gorges, contourne les abîmes, descend rapidement les pentes escarpées qui n'ont, pour les garder des précipices, que des murs, qu'une chèvre, dans une cabriole, pourrait aisément franchir. Cependant jamais il n'arrive de malheur dans ces chemins difficiles, grâce au pied sûr des mulets, à la vélocité remarquable des petits chevaux du pays, et surtout à la main exercée qui les conduit.

Je pense encore à notre conducteur, très-galant homme, mais affligé au plus haut point de la métromanie. Il se sentait, disait-il, le jour, la nuit, sous l'inspiration et le souffle ardent de sa muse. Aussi, avais-je une peur terrible que dans le feu de son lyrisme il ne nous lançât avec lui dans les espaces !

A côté de ces tableaux émouvants, on rencontre, pour reposer les sens surexcités, de ces vallons où l'imagination, dans un jour de tendresse, voudrait placer son plus beau rêve d'amour ; qu'auraient chantés dans leurs idylles Florian et Gesner, et où Rousseau, ce grand peintre de la nature, aurait voulu finir doucement sa vie.

J'ai vu des villages de cent maisons, toutes construites en pierres blanches. Presque chaque village a son église et une fontaine jaillissante. Pendant que le père, parti le matin, son fusil en bandoulière, chasse d'excellent gibier dans les mâquis, que l'enfant est à l'école, la bonne mère reste chez elle à vaquer aux soins de sa

maison, tenue avec une propreté remarquable.
J'ai vu peu de villages qui m'aient produit, sous
ce rapport, une impression aussi agréable que
ceux de ce pays, et je me disais en les voyant
disparaître dans l'ombre des châtaigniers : « — Le
bonheur doit habiter là ! »

Un soir, il était fort tard, la voiture montait
lentement la hauteur sur laquelle se présente,
d'une manière si pittoresque, la jolie ville de
Sartène. Les deux ecclésiastiques qui occupaient
avec moi le coupé de la diligence, causaient ensemble à demi-voix, pendant que je regardais,
à travers l'obscurité qui couvrait peu à peu le
paysage, les derniers feux qui s'éteignaient dans
la campagne. Bientôt le plus âgé de ces messieurs ne dit plus rien ; il méditait ou dormait
peut-être. Ne pouvant dormir, ni moi, ni mon
voisin, il fallait bien causer un peu, n'eût-ce été
que de la pluie et du beau temps. Eh bien, cette
conversation, au milieu de la nuit, sous un admirable ciel étoilé, me restera toujours comme
un des plus agréables souvenirs de mes voyages.
J'ai rarement rencontré un esprit plus distingué,
plus élevé et en même temps plus attrayant que
celui de mon compagnon de route. En traversant
un village, il avait dû descendre pour aller serrer
la main à ses anciennes ouailles, qui, au milieu
de leur repos de la nuit, s'étaient rendues en toute
hâte sur son passage. Si vous aviez pu juger
de la joie simple et franche de toutes ces bonnes

gens, en revoyant au milieu d'eux, pour quelques minutes seulement, leur pasteur aimé, vous auriez dit comme moi : — « Voilà des traits qui parlent bien haut ! »

Vous souvenez-vous de Gabriel, ce beau type du prêtre, qu'a si bien tracé la plume d'un de nos meilleurs écrivains modernes? Et n'est-il pas curieux qu'il m'ait fallu venir en Corse pour trouver ce remarquable rapport? Je le disais, il n'y a pas longtemps, à un ecclésiastique de ma connaissance, homme d'esprit, et qui se nomme aussi Gabriel, (si cela peut vous interesser). Savez-vous ce qu'il me répondit? « *Frivolité, Inconstance:* voilà la femme ! »

IX.

En quittant Sartène, je me dirigeai sur Bonifacio, ville encore tout à fait génoise. Il n'y a là de beau que la forteresse. La nature y est toute autre que dans les lieux que nous avions traversés jusque là. Vous ne voyez partout que des plaines de pierre, s'étendant souvent à plusieurs lieues, et des rochers dénudés. C'est triste à mourir ! Je m'imagine que c'est ainsi qu'a dû paraître au grand exilé l'aspect de Ste-Hélène. Cependant, à Bonifacio, j'eus l'heureuse chance de rencontrer un de ces hommes rares, au cœur élevé, nature d'élite, qui à eux seuls donneraient du charme au pays le moins favorisé. Comme je lui témoignais mon étonnement qu'avec sa position personnelle, les distinctions dont il est revêtu, il puisse continuer à résider en ce lieu, il me répondit simplement qu'il lui coûterait trop de quitter un endroit où il pouvait faire quelque bien.

On tourne la pointe de l'île. En suivant les bords de la mer, par une route longue et uniforme que fait ressortir encore plus la couleur sombre des mâquis, on voit s'élever Porto-Vecchio. Je cherchai là, de tous mes yeux — « Le palmier qui se penche; [1] » mais je n'y vis que des figuiers de Barbarie, dont les feuilles sans tige sortent rudes et dru des crevasses du mur qui borde le chemin. Ces feuilles lourdes et plates, comme des oreilles d'éléphant, vous montrent un fruit recouvert d'une épaisse peau hérissée de dards. — « Suis-je donc dans le pays des Hottentots? » me dis-je d'assez mauvaise humeur.

C'est, du reste, la seule déception que j'aie eue durant tout mon voyage.

Pour que votre âme damnée, Minet, ne vous insinue pas encore que j'ai brodé mon récit, en ne vous montrant que le beau côté des choses, je veux vous raconter une aventure où je jouai un rôle fort piteux. Je vous assure que je passai là un

---

(1) Beauchesne.

quart d'heure des plus critiques, et encore entre deux hommes armés ! — « Grand Dieu ! m'allez-vous dire, comment avez-vous pu vous tirer de là ? » — « Quel dommage ! se dit votre impertinente bête, que je ne m'y sois pas trouvé ! Comme je l'aurais arrangée !

De mes dards acérés, j'aurais fait, je le jure,
Sur ces traits détestés, jolie égratignure !»

Voici la chose. A quelque distance de Bonifacio, nous attendions notre conducteur, qui était allé à la piste du gibier. Deux hommes s'approchent de mon coupé. L'un me dit brusquement que ma place du coin est à lui. Je réponds qu'elle m'appartient. Il insiste. Je proteste contre cette violation du droit des gens, et dis que je l'avais déjà arrêtée il y a deux jours. Lui répond qu'il l'avait assurée la veille, et qu'il est fatigué. Il ne voulait pas en démordre, le mal-appris, de ce qu'il appelait *son droit*. Enfin, impatientée de ce débat inconvenant, je me mets à la place du milieu, car son compagnon s'était déjà installé dans l'angle, et je dis indignée : — Qu'on m'avait bien prévenue de la *sauvagerie* du pays, où l'on force une femme à céder sa place à un homme ! — Ils ne répondirent rien. Un moment après, mon autre voisin, celui qui n'avait pas encore prononcé une parole, me dit avec un accent de regret : — Que si je connaissais le motif qui les avait contraints à se placer ainsi, je leur pardonnerais leur impolitesse. « — Nos fusils sont chargés à triple coup ; nous ne vous l'avons pas dit en entrant pour ne pas vous effrayer. » Je demandai la raison de ces armes chargées. — « Je cherche le meurtrier de mon cousin, assassiné il y a deux jours, et où je le rencontre, je le tue ! Monsieur, qui est à votre côté, est mon ami, et m'accompagne » — Alors, dis-je au comble de la surprise, c'est donc une *vendetta ?* — « Hélas, oui ! Nous voici entrés en vendetta ! Et Dieu sait quand cela finira ! »

Il se rendait à Porto-Vecchio, auprès de la jeune veuve de la victime, qui venait d'accoucher depuis un mois à peine, et qui avait fait appeler son plus proche parent pour la venger. (1)

Je frissonnai ! La fatigue l'avait fait s'assoupir. Je considérai plus attentivement la figure de ce jeune homme. On y lisait la bonté, une profonde douleur, en même temps qu'une expression énergique et résolue. Je me disais que peut-être à la fin de la journée, ce jeune homme serait mort à son tour !

A Porto Vecchio, où il me quitta, il me renouvela ses excuses, me souhaita un bon voyage

---

(1) Cette triste coutume, qui tend à disparaître, il faut le dire, se montre encore de temps en temps, comme on vient de le voir.

et voulut serrer ma main en me disant adieu.

Eh bien, celui qui m'avait parlé ainsi était un Corse, et l'autre, qui partit sans même saluer, était un Marseillais. Lequel donc des deux se montra le mieux élevé?

De Porto Vecchio, l'aspect du pays change, et recommence un peu à vous sourire. Il en était temps, car la mélancolie menaçait de m'envahir![1]

X.

La voiture courait toujours sur la longue route, qui comme un ruban s'étendait à perte de vue. Souvent le conducteur, que son flair de chasseur avertissait, s'élançait dans les futaies, sa carabine en main. S'il manquait son coup, aussi agile que ses chevaux, il reprenait son siége, en rechargeant son arme, sans que pour cela la course s'en ralentît.

Nous avions quitté les plaines pierreuses, nous

[1] Je me souviens de ce que me racontait un de mes amis, revenant d'un voyage en Italie, quand il passa dans les anciens canaux de Venise. Ces bords si animés naguère, au temps de la puissance des doges; ces beaux palais, aujourd'hui voués à l'abandon, servant à peine à quelques méchantes auberges ; ces gondoles toutes noires qui vous couvrent comme un catafalque, lui donnèrent une telle tristesse qu'il se serait jeté à l'eau si l'on ne fût pas entré dans le grand canal, où l'aspect changea, ainsi que ses impressions.

voyions maintenant quelques pâturages où courent affolées de maigres vaches et des chèvres, de la bruyère et des fougères atteignant une si grande hauteur qu'un bandit pourrait s'y cacher. Ce fut là que je vis, pour la première fois, des *chênes-liége* dont le tronc rouge-tuile produit un effet bizarre. On croirait voir de loin une armée de corps sanglants et mutilés. Pour chasser ces horribles images, je me transportai par la pensée dans les belles forêts de Finlande, où les bouleaux ont le tronc d'une éclatante blancheur, et dont les rameaux si flexibles semblent des découpures suspendues dans les airs.

Je ne pus m'empêcher, dans cette partie de l'île, comme dans celles que j'avais déjà parcourues, de faire une réflexion en voyant tant de terrain sans culture et la rareté des habitations, qu'une si grande distance sépare entre elles. — « Pourquoi, me disais-je, sur une terre aussi favorisée du ciel, des colonies d'hommes laborieux et entendus, comme les Alsaciens et les Lorrains, ne viendraient-ils pas féconder ce sol qui devrait tant produire, plutôt que d'aller porter leurs sueurs et leur industrie dans un autre hémisphère ? Ils s'en trouveraient mieux les uns et les autres. Ils donneraient aux indigènes l'impulsion et l'initiative qui leur manquent encore, et le pays pourrait du moins nourrir tous ses enfants. »

Enfin, voici Bastia, — la bonne ville. — On

éprouve, dès qu'on y arrive, un sentiment des plus agréables. Les superbes sites qui l'environnent, de beaux quartiers, un climat salubre, des maisons confortables font de cette charmante cité un séjour qu'on recherche. Bastia est plus populeux qu'Ajaccio; le commerce y fleurit, et ses habitants ont cette aimable urbanité qui fait qu'on s'y sent bien, et qu'on aime à s'y fixer.

Nous rentrons dans la montagne. Nous passons Corte, Calvi, l'Ile-Rousse, appelée avec raison le *Jardin de la Corse*. Là, se succèdent des panoramas comme ceux que j'ai déjà décrits, et je reviens par Vico, auquel on peut vraiment accorder la palme.

En effet, vous voyez réunis, dans ce canton, tous les genres de beautés que présente l'île entière: l'aspect imposant et sévère des monts de la Norvége, l'idéal des Alpes, la grâce et la douceur de la Provence, avec toutes les splendeurs du sol de Nice.

Je fis, à Vico, la connaissance d'un personnage dont le souvenir seul suffirait pour attacher à cet endroit ma prédilection. C'est un ancien militaire du premier Empire. Il avait suivi l'Empereur à l'île d'Elbe, et eut la douleur de ne pouvoir partager son sort à Ste-Helène. Son petit-fils, avocat distingué d'Ajaccio, l'avait fait prévenir de mon passage. Je fus pénétrée d'un respect attendri, quand je vis arriver chez moi cet ancien brave, ce beau vieillard de quatre-vingt-deux ans, venant, avec le plus aimable empressement, m'offrir l'hospitalité, et voulant même être mon cicérone. En voyant ce type vénérable des temps passés, ces yeux vifs, brillant encore des éclairs de l'ancienne vaillance, ou voilés par un retour mélancolique, ce vieillard encore debout parmi tant de ruines.... on ne peut que se dire avec tristesse : — Après lui, il n'y en aura plus de ce moule là !

Pour ajouter à l'agrément de cet endroit, il se trouve, à peu de distance de la petite ville de Vico, sur la montagne, des eaux très-estimées et un établissement de bains, où la famille distinguée qui en est propriétaire, réunit chaque été une société d'élite, ce qui fait de ce séjour un vrai paradis terrestre.

Mais, hélas! il arrivera un jour que les rails, les tunnels et tout ce qui agite si fort notre siècle, en rapprochant les nationalités, viendra troubler le silence de ces solitudes et déranger l'ombre épaisse des châtaigniers, qui semblent s'embellir avec l'âge! Quand tout cela arrivera, y sera-t-on plus heureux ?

Pour moi, qui suis retardataire, qui aime encore les grandes voix de la nature, les antiques traditions, je voudrais que ce fût le plus tard possible, afin de voir conserver plus longtemps à ce pays sa physionomie locale, son cachet particulier, ses vertus et même ses défauts, dont l'étude ne serait certainement pas la moins curieuse, la moins intéressante, ni la moins utile à faire.

Quoiqu'il advienne dans l'avenir, la Corse sait attendre, et elle espère!...

XI.

— D'où vient que Minet a quitté insensiblement vos genoux, pour se laisser tomber découragé à terre? qu'il a secoué sur vos pieds la poussière de ses pattes, et qu'il s'est enfui sous votre lit, où il fait le mort?

C'est que la raillerie dont vous vous étiez armé, au commencement de ma lecture, a fait place à l'attention la plus soutenue, à un entraînement qui se trahissait sur toute votre physionomie. Il a compris, hélas! que vous lui échappiez, et il s'est vu perdu!...

XII.

« — Maintenant, Monsieur, quelle sera la conclusion de notre soirée?

— Eh mon Dieu! n'a-t-on pas toujours tort avec les dames! Je me déclare vaincu!... Vous avez gagné le pari!

— Je puis donc chanter victoire?

— Certainement! mais usez noblement de votre triomphe! Soyez généreuse: pardonnez à Minet, et faites la paix avec lui.

— Je ne demande pas mieux. Mais quand irez-vous en Corse?

— Je voudrais que ce fût déjà demain.

— Et à votre retour, que répondrez-vous à ceux qui l'appellent une terre de *sauvages?*

— Je répondrai qu'en beaucoup de cas, il serait à souhaiter que nous fussions *sauvages* comme eux.

— Vous êtes une perle d'homme! Et puisque nous sommes tous les trois en veine de réconciliation, j'accepte votre compagnie... même en ballon.

— Vraiment, Madame, vous êtes d'une adorable bonté! A quand donc notre première ascension?

— A Pâques fleuries.

— Sera-ce dans le *Bagamett?* (1)

— Non, non! je suis peureuse! D'ailleurs, ce ballon-là donne de dangereux vertiges.

— Alors, ce sera dans l'*Espérance?*

— Oui! Mais en attendant, allons caresser Minet.»

(1) Anagramme.

FIN.

Nice, octobre 1872.

www.ingramcontent.com/pod-product-compliance
Lightning Source LLC
Chambersburg PA
CBHW062011070426
42451CB00008BA/628